한글 쓰기의 특징

1. 어린이들이 글씨 쓰는 순서를 바르게 배울 수 있도록 구성하였습니다.
2. 어린이들이 닿소리와 홀소리의 조합에 의해 소리가 형성되는 원리를 스스로 깨달아 복잡한 글자도 자연스럽게 읽고 쓸 수 있도록 구성하였습니다.
3. 매 장마다 별도의 종이 위에 따라 쓰기 연습을 충분히 하여 어린이들이 바르게 글씨 쓰는 습관이 되도록 하였습니다.
4. 학습에 흥미를 유발하고 효과를 높이도록 구성하였습니다.

전 5 권

1권	선긋기, 지각능력 테스트 / 자음, 모음 익히기
2권	낱말 익히기 / 받침 없는 낱말공부
3권	낱말 익히기 / 기본 받침 있는 낱말공부
4권	낱말 익히기 / 어려운 받침 있는 낱말공부
5권	문장 익히기 / 교과서 중심의 문장 (종합편)

전 3 권

초급 : 어려운 받침 있는 낱말, 문장 익히기
중급 : 소리, 모양, 색깔, 타는 것, 반대말, 몸의 신체 등 낱말 익히기
고급 : ~를, ~을, 높임말 등 교과서 중심의 문장 익히기

글씨 쓰는 자세

- 등을 곧게 펴고 앉으며 책과 눈의 거리는 약 30cm 정도가 되게 한다.
- 팔꿈치를 앞으로 내밀거나 몸을 옆으로 기울이지 않는다.
- 왼손은 책이 움직이지 않게 살짝 누른다.

연필을 바르게 쥐는 법

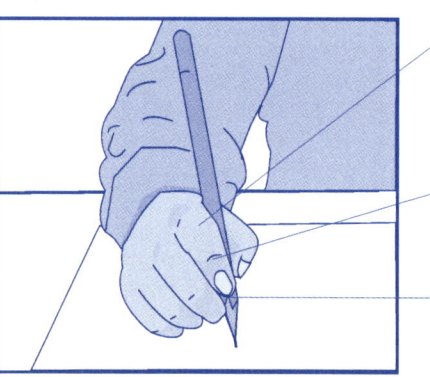

* 가운데 손가락 구부러진 곳 근처에 연필을 받치고 엄지와 검지손가락으로 연필 깎는 곳 바로 윗부분을 흔들리지 않게 잡는다.

- 검지손가락 두 번째 마디는 약 90°쯤 되게 구부린다.
- 검지손가락 첫 번째 마디는 구부리지 않는다.
- 연필 깎은 곳 바로 윗부분을 잡는다.

연필과 바닥의 각도는 옆으로 보아 약 50° 정도가 되면 적당하다.

(○)   (X)

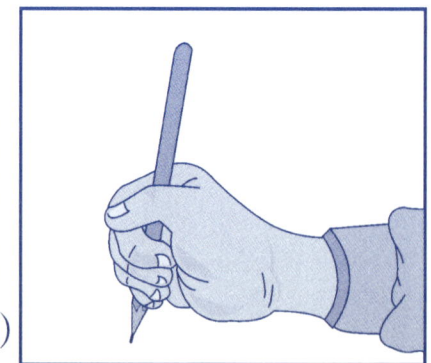

점선을 따라 곧게 그어 봅시다.

지도자에게 줄긋기는 어린이에게 손의 힘과 조절 능력을 길러 주기 위한 것입니다. 연필 잡는 자세를 바르게 지도해 주시기 바랍니다.

점선을 따라 곧게 그어 봅시다.

점선을 따라 곧게 그어 봅시다.

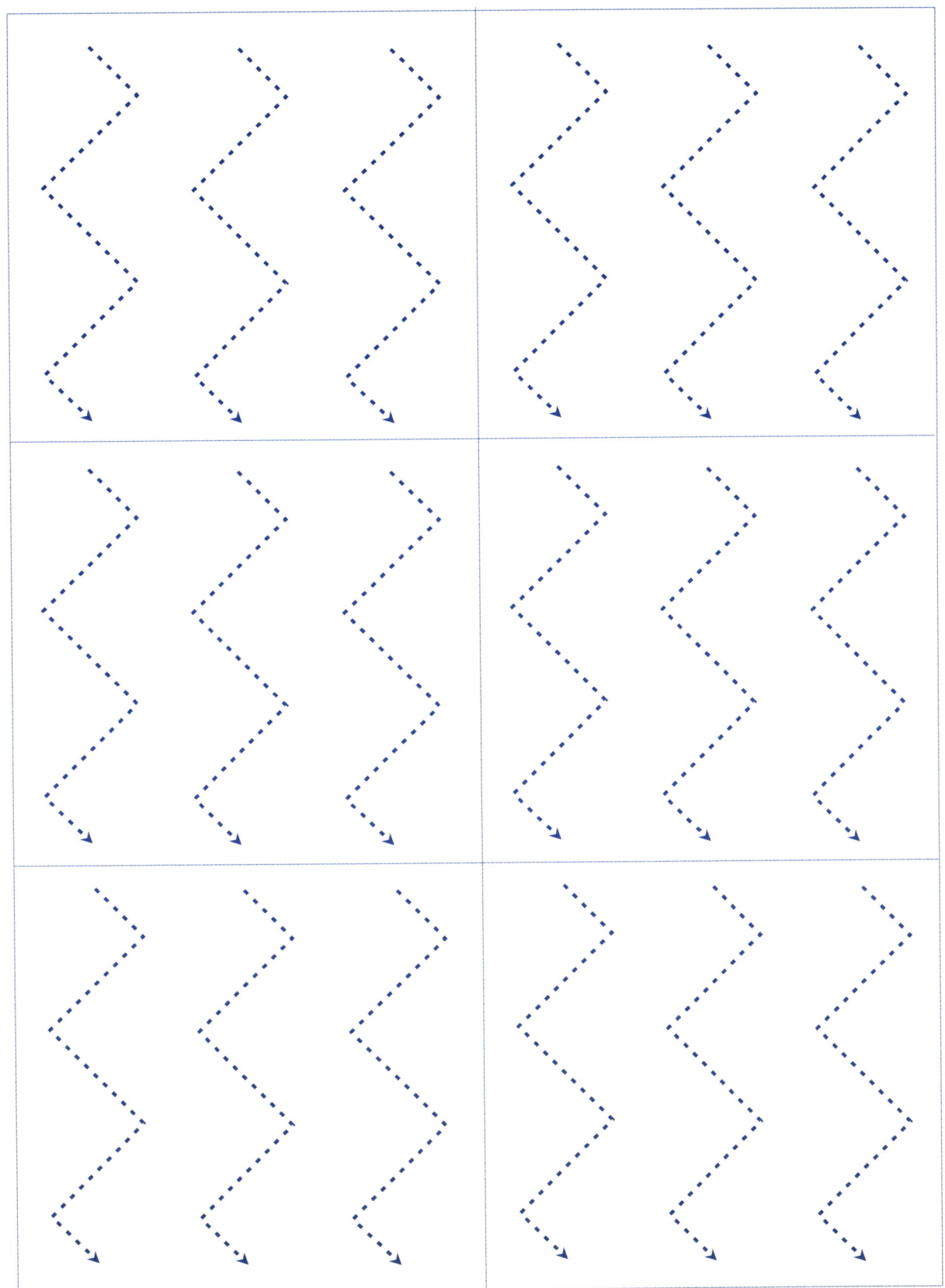

점선을 따라 곧게 그어 봅시다.

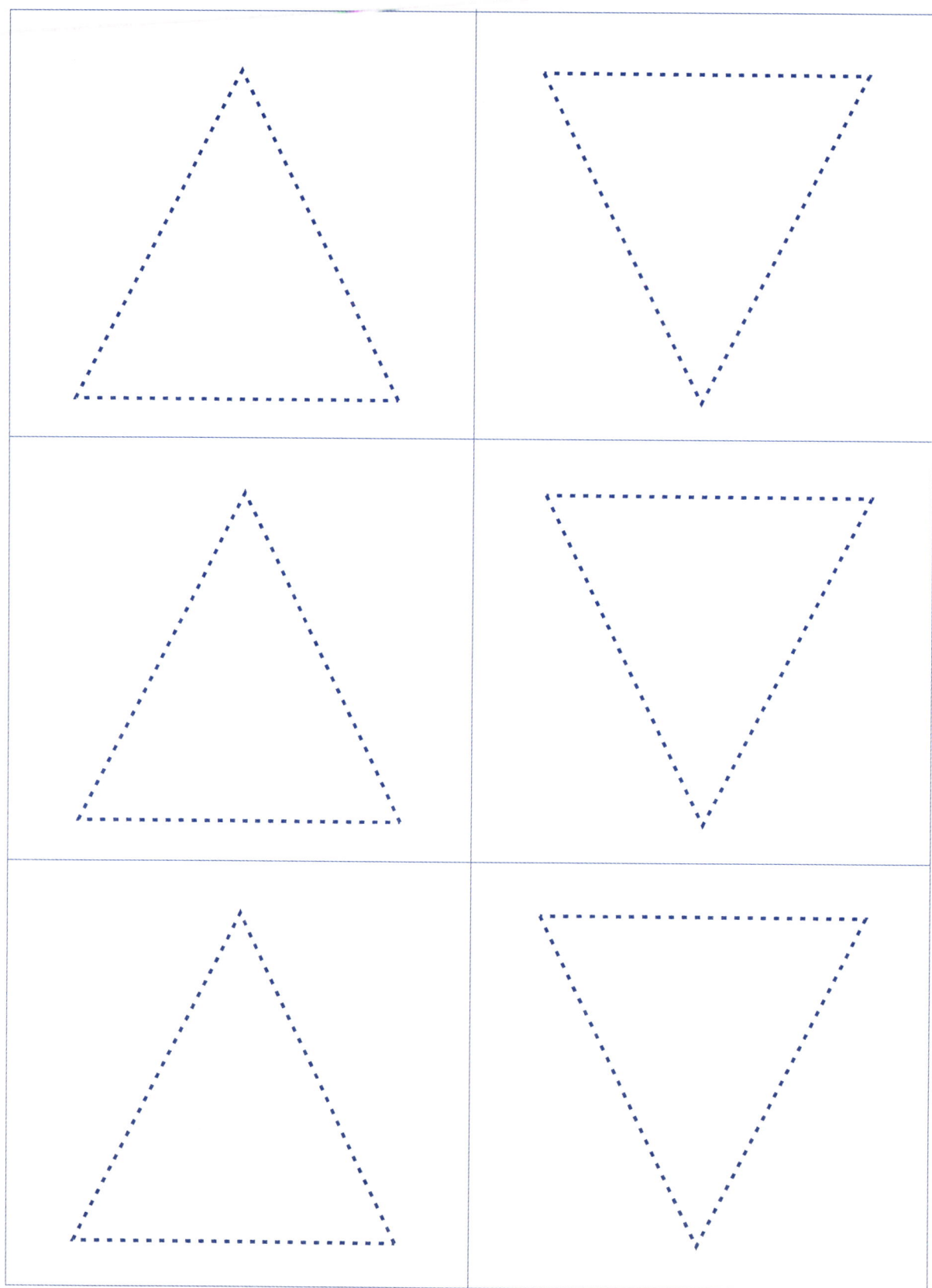

점선을 따라 곧게 그어 봅시다.

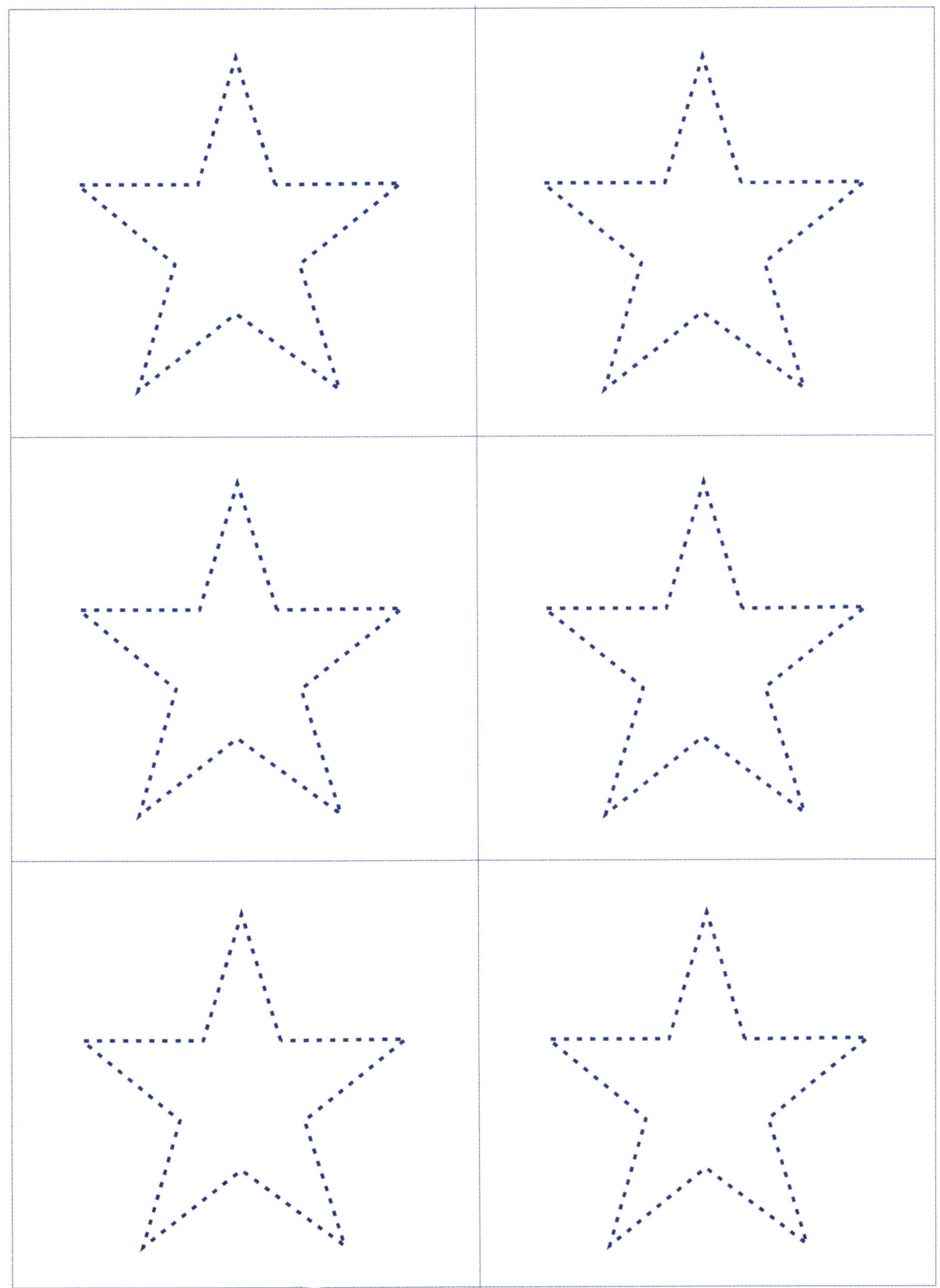

점선을 따라 곧게 그어 봅시다.

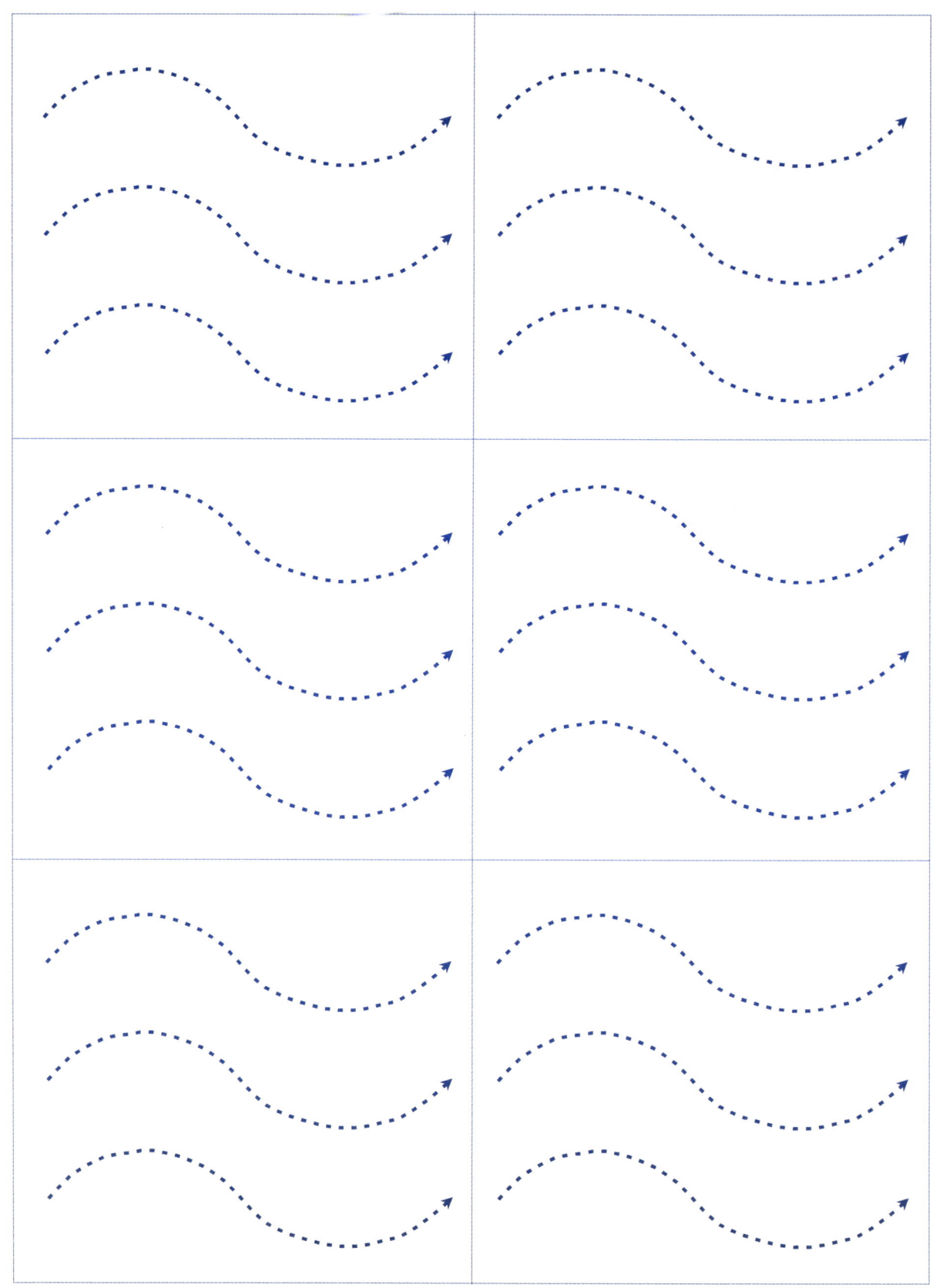

점선을 따라 곧게 그어 봅시다.

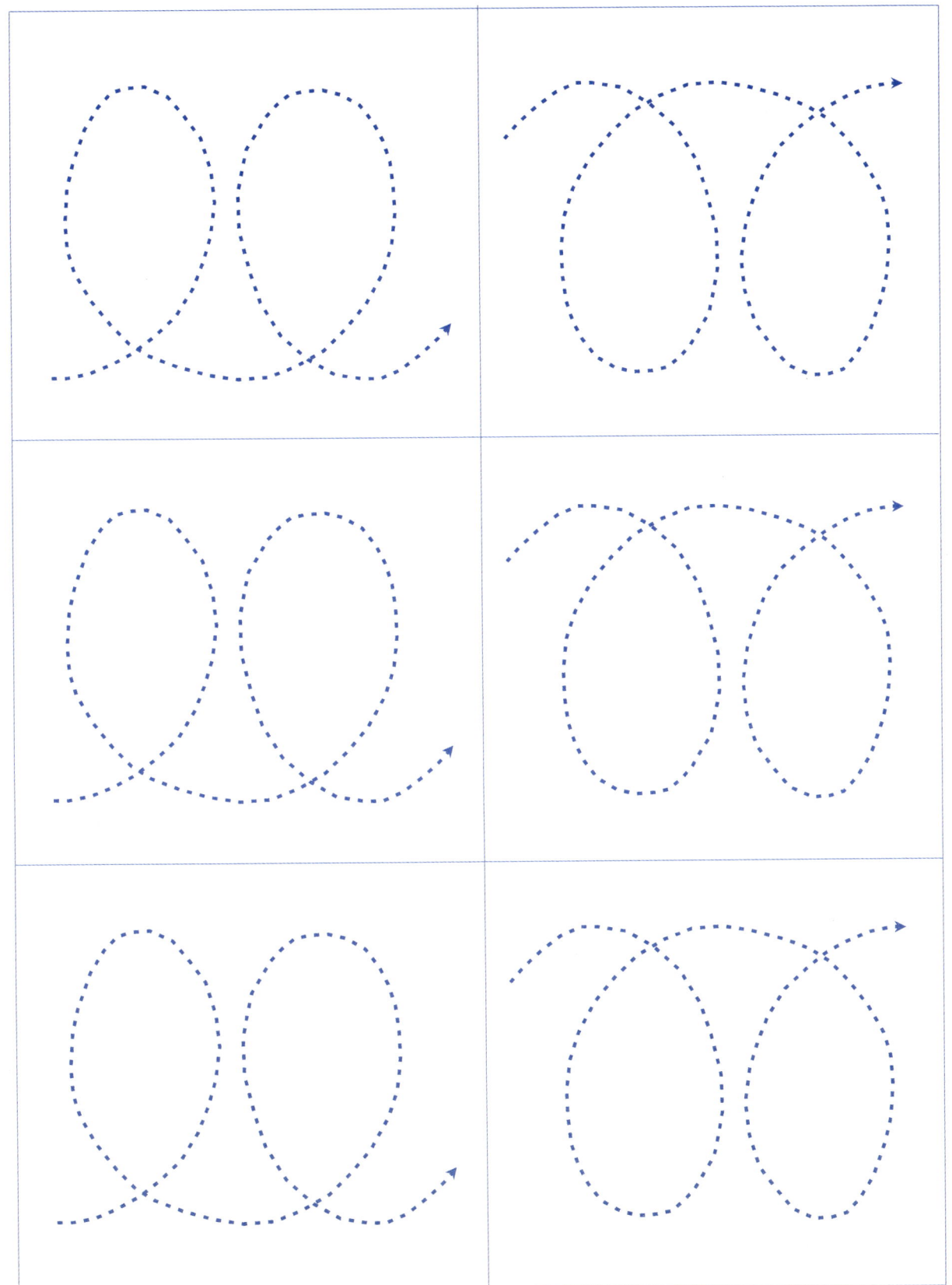

점선을 따라 곧게 그어 봅시다.

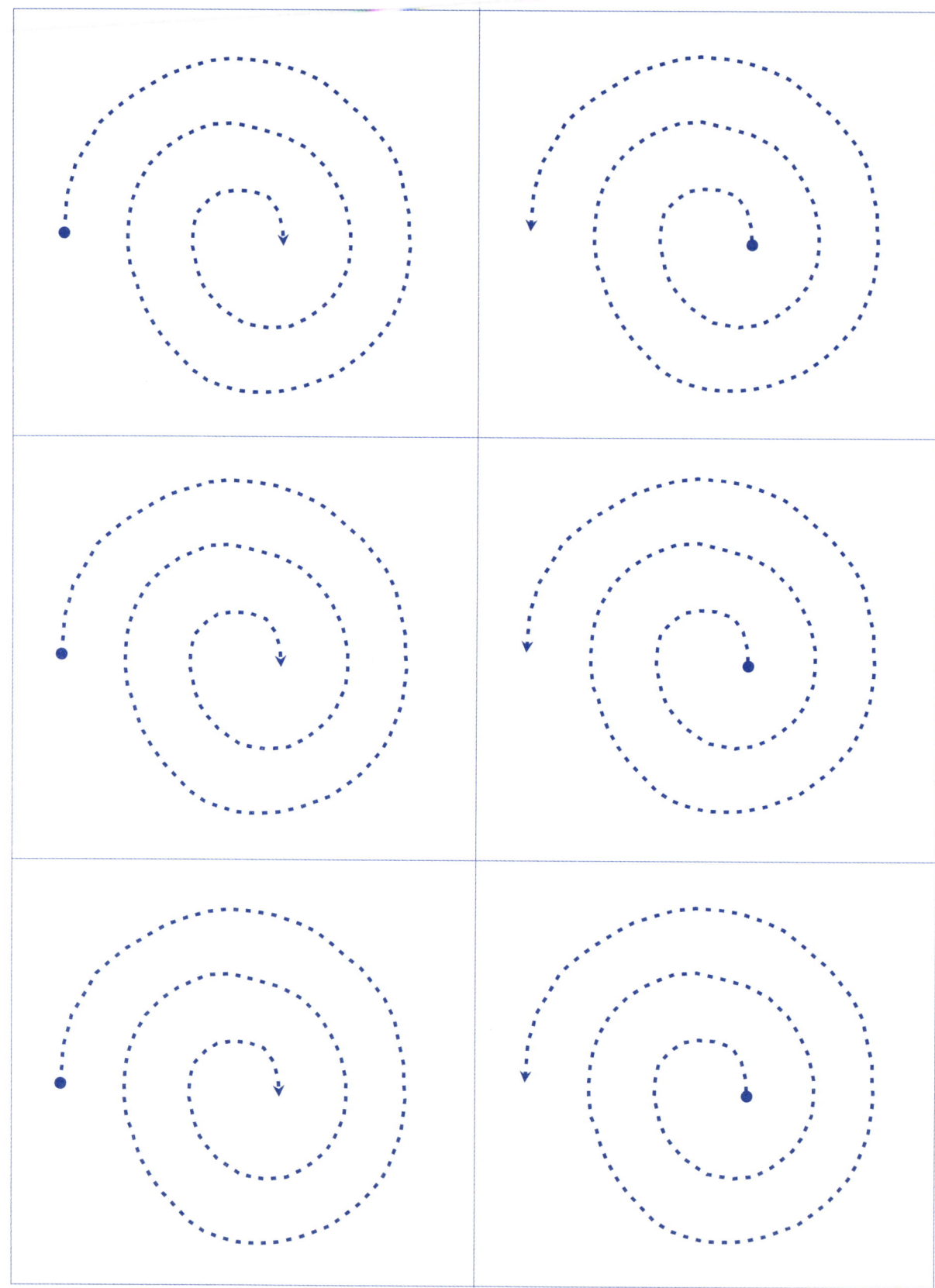

점선을 따라 곧게 그어 봅시다.

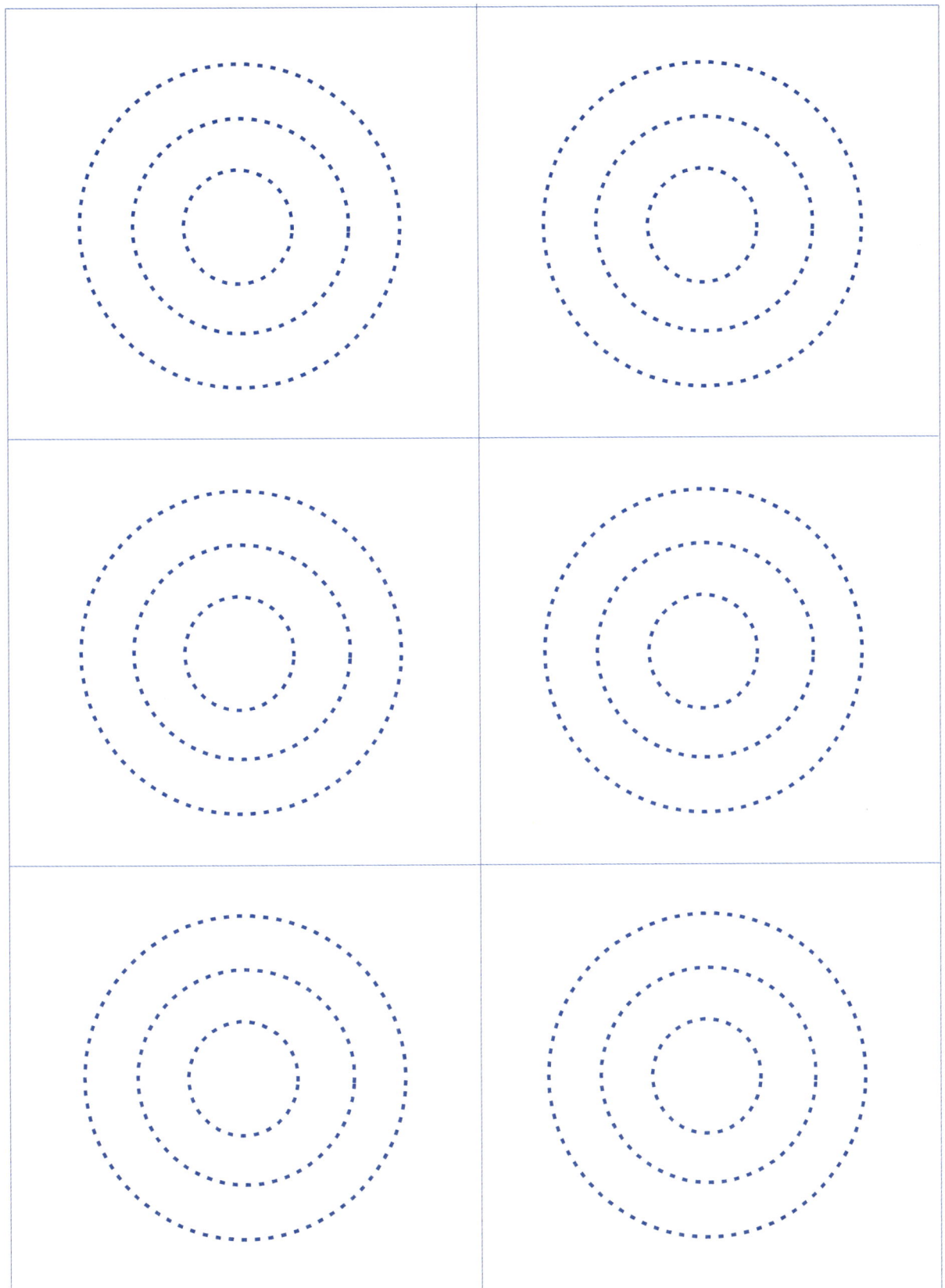

점선을 따라 곧게 그어 봅시다.

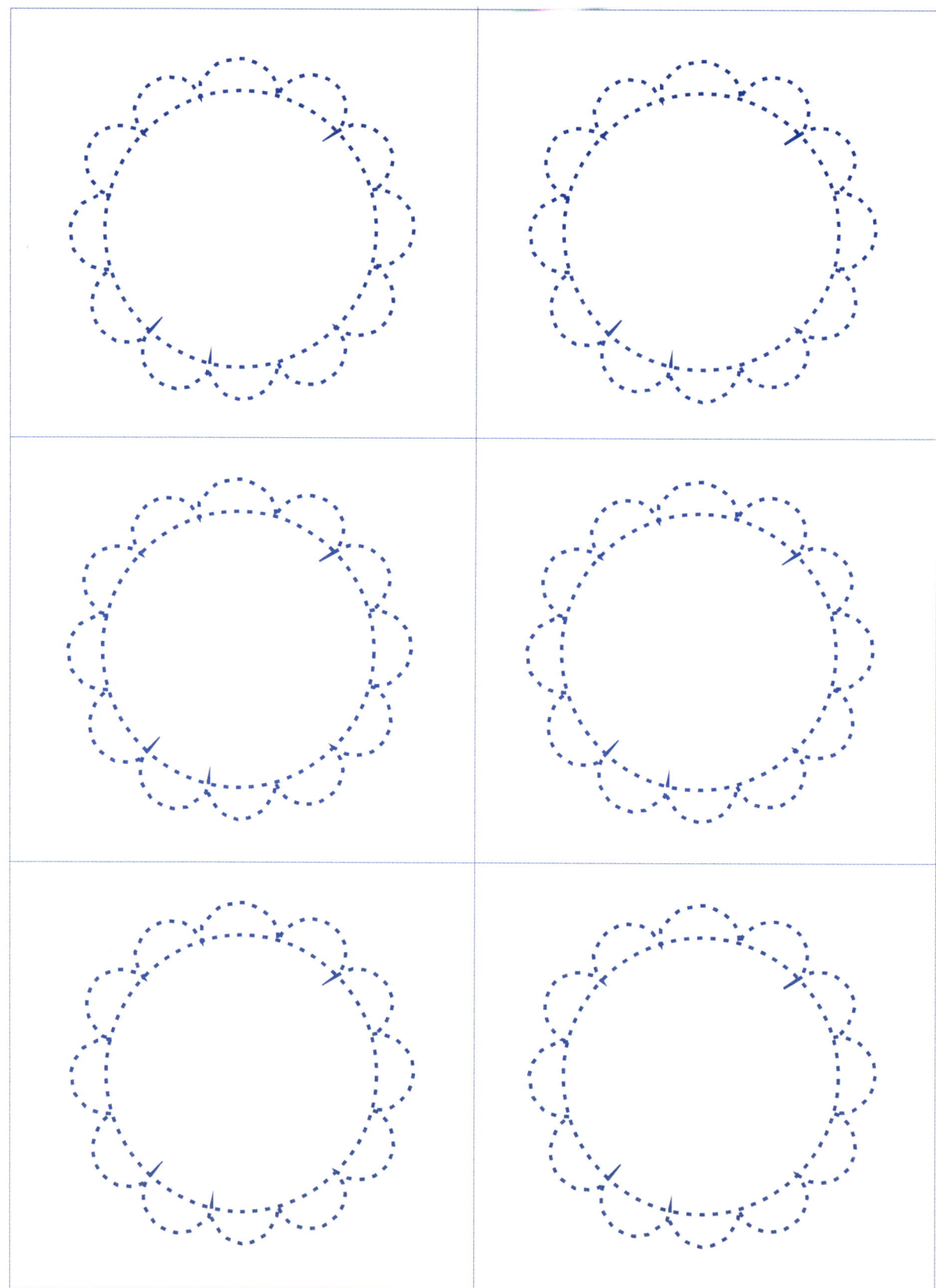

앞장의 종이 위에 바르게 따라 써 봅시다

ㄱ　　ㄴ

| 날씨 | 월 일 요일 ☀ ☁ ☂ ⛄ | 쓰기연습 | 확인 | 참 잘했어요 | 잘했어요 |

ㄱ ㄱ ㄱ ㄱ ㄱ ㄴ ㄴ ㄴ ㄴ ㄴ

ㄱ ㄱ ㄱ ㄱ ㄱ ㄴ ㄴ ㄴ ㄴ ㄴ

앞장의 종이 위에 바르게 따라 써 봅시다

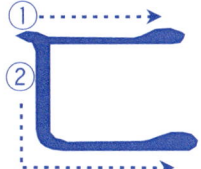 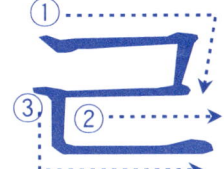

ㄷ	ㄷ	ㄷ	ㄷ	ㄷ	ㄹ	ㄹ	ㄹ	ㄹ
ㄷ	ㄷ	ㄷ	ㄷ	ㄷ	ㄹ	ㄹ	ㄹ	ㄹ
ㄷ	ㄷ	ㄷ	ㄷ	ㄷ	ㄹ	ㄹ	ㄹ	ㄹ
ㄷ	ㄷ	ㄷ	ㄷ	ㄷ	ㄹ	ㄹ	ㄹ	ㄹ
ㄷ	ㄷ	ㄷ	ㄷ	ㄷ	ㄹ	ㄹ	ㄹ	ㄹ
ㄷ	ㄷ	ㄷ	ㄷ	ㄷ	ㄹ	ㄹ	ㄹ	ㄹ
ㄷ	ㄷ	ㄷ	ㄷ	ㄷ	ㄹ	ㄹ	ㄹ	ㄹ
ㄷ	ㄷ	ㄷ	ㄷ	ㄷ	ㄹ	ㄹ	ㄹ	ㄹ
ㄷ	ㄷ	ㄷ	ㄷ	ㄷ	ㄹ	ㄹ	ㄹ	ㄹ

쓰기연습

| ㄷ | ㄷ | ㄷ | ㄷ | ㄷ | ㄹ | ㄹ | ㄹ | ㄹ | ㄹ |

| ㄷ | ㄷ | ㄷ | ㄷ | ㄷ | ㄹ | ㄹ | ㄹ | ㄹ | ㄹ |

앞장의 종이 위에 바르게 따라 써 봅시다

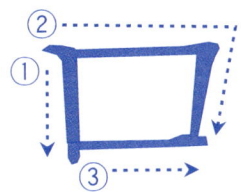 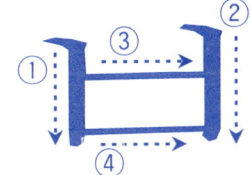

| 날씨 | 월 | 일 | 요일 | 쓰기연습 | 확인 | 참 잘했어요 | 잘했어요 |

ㅁ	ㅁ	ㅁ	ㅁ	ㅂ	ㅂ	ㅂ	ㅂ
ㅁ	ㅁ	ㅁ	ㅁ	ㅂ	ㅂ	ㅂ	ㅂ

앞장의 종이 위에 바르게 따라 써 봅시다

ㅅ	ㅅ	ㅅ	ㅅ	ㅇ	ㅇ	ㅇ	ㅇ
ㅅ	ㅅ	ㅅ	ㅅ	ㅇ	ㅇ	ㅇ	ㅇ
ㅅ	ㅅ	ㅅ	ㅅ	ㅇ	ㅇ	ㅇ	ㅇ
ㅅ	ㅅ	ㅅ	ㅅ	ㅇ	ㅇ	ㅇ	ㅇ
ㅅ	ㅅ	ㅅ	ㅅ	ㅇ	ㅇ	ㅇ	ㅇ
ㅅ	ㅅ	ㅅ	ㅅ	ㅇ	ㅇ	ㅇ	ㅇ
ㅅ	ㅅ	ㅅ	ㅅ	ㅇ	ㅇ	ㅇ	ㅇ
ㅅ	ㅅ	ㅅ	ㅅ	ㅇ	ㅇ	ㅇ	ㅇ
ㅅ	ㅅ	ㅅ	ㅅ	ㅇ	ㅇ	ㅇ	ㅇ

날씨	월 ☀	일 ☁	요일 ☂ ☃	쓰기연습	확인	참 잘했어요	잘했어요

ㅅ	ㅅ	ㅅ	ㅅ	ㅇ	ㅇ	ㅇ	ㅇ
ㅅ	ㅅ	ㅅ	ㅅ	ㅇ	ㅇ	ㅇ	ㅇ

앞장의 종이 위에 바르게 따라 써 봅시다

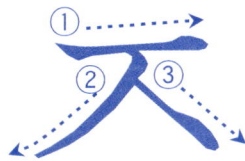 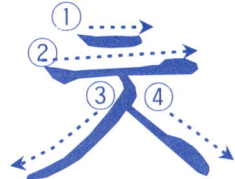

ㅈ	ㅈ	ㅈ	ㅈ	ㅊ	ㅊ	ㅊ	ㅊ
ㅈ	ㅈ	ㅈ	ㅈ	ㅊ	ㅊ	ㅊ	ㅊ
ㅈ	ㅈ	ㅈ	ㅈ	ㅊ	ㅊ	ㅊ	ㅊ
ㅈ	ㅈ	ㅈ	ㅈ	ㅊ	ㅊ	ㅊ	ㅊ
ㅈ	ㅈ	ㅈ	ㅈ	ㅊ	ㅊ	ㅊ	ㅊ
ㅈ	ㅈ	ㅈ	ㅈ	ㅊ	ㅊ	ㅊ	ㅊ
ㅈ	ㅈ	ㅈ	ㅈ	ㅊ	ㅊ	ㅊ	ㅊ
ㅈ	ㅈ	ㅈ	ㅈ	ㅊ	ㅊ	ㅊ	ㅊ
ㅈ	ㅈ	ㅈ	ㅈ	ㅊ	ㅊ	ㅊ	ㅊ

쓰기연습

ㅈ ㅈ ㅈ ㅈ ㅊ ㅊ ㅊ ㅊ

ㅈ ㅈ ㅈ ㅈ ㅊ ㅊ ㅊ ㅊ

앞장의 종이 위에 바르게 따라 써 봅시다

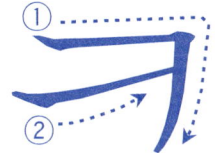 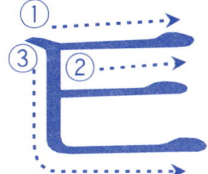

ㅋ	ㅋ	ㅋ	ㅋ	ㅌ	ㅌ	ㅌ	ㅌ
ㅋ	ㅋ	ㅋ	ㅋ	ㅌ	ㅌ	ㅌ	ㅌ
ㅋ	ㅋ	ㅋ	ㅋ	ㅌ	ㅌ	ㅌ	ㅌ
ㅋ	ㅋ	ㅋ	ㅋ	ㅌ	ㅌ	ㅌ	ㅌ
ㅋ	ㅋ	ㅋ	ㅋ	ㅌ	ㅌ	ㅌ	ㅌ
ㅋ	ㅋ	ㅋ	ㅋ	ㅌ	ㅌ	ㅌ	ㅌ
ㅋ	ㅋ	ㅋ	ㅋ	ㅌ	ㅌ	ㅌ	ㅌ
ㅋ	ㅋ	ㅋ	ㅋ	ㅌ	ㅌ	ㅌ	ㅌ
ㅋ	ㅋ	ㅋ	ㅋ	ㅌ	ㅌ	ㅌ	ㅌ

| 날씨 | 월 | 일 | 요일 | | 쓰기연습 | 확인 | 참 잘했어요 | 잘했어요 |

ㅋ ㅋ ㅋ ㅋ ㅌ ㅌ ㅌ ㅌ

ㅋ ㅋ ㅋ ㅋ ㅌ ㅌ ㅌ ㅌ

1 - 24

앞장의 종이 위에 바르게 따라 써 봅시다

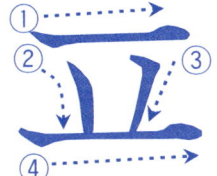 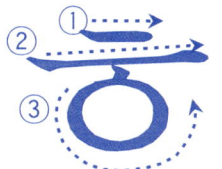

프	프	프	프	ㅎ	ㅎ	ㅎ	ㅎ
프	프	프	프	ㅎ	ㅎ	ㅎ	ㅎ
프	프	프	프	ㅎ	ㅎ	ㅎ	ㅎ
프	프	프	프	ㅎ	ㅎ	ㅎ	ㅎ
프	프	프	프	ㅎ	ㅎ	ㅎ	ㅎ
프	프	프	프	ㅎ	ㅎ	ㅎ	ㅎ
프	프	프	프	ㅎ	ㅎ	ㅎ	ㅎ
프	프	프	프	ㅎ	ㅎ	ㅎ	ㅎ
프	프	프	프	ㅎ	ㅎ	ㅎ	ㅎ

| 날씨 | 월 일 요일 | 쓰기연습 | 확인 | 참 잘했어요 | 잘했어요 |

| ㅍ | ㅍ | ㅍ | ㅍ | ㅎ | ㅎ | ㅎ | ㅎ |

| ㅍ | ㅍ | ㅍ | ㅍ | ㅎ | ㅎ | ㅎ | ㅎ |

앞장의 종이 위에 바르게 따라 써 봅시다

 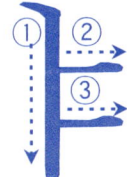

ㅏ	ㅏ	ㅏ	ㅏ	ㅑ	ㅑ	ㅑ	ㅑ
ㅏ	ㅏ	ㅏ	ㅏ	ㅑ	ㅑ	ㅑ	ㅑ
ㅏ	ㅏ	ㅏ	ㅏ	ㅑ	ㅑ	ㅑ	ㅑ
ㅏ	ㅏ	ㅏ	ㅏ	ㅑ	ㅑ	ㅑ	ㅑ
ㅏ	ㅏ	ㅏ	ㅏ	ㅑ	ㅑ	ㅑ	ㅑ
ㅏ	앞	주	ㅏ	ㅑ	ㅑ	ㅑ	ㅑ
ㅏ	ㅏ	ㅏ	ㅏ	ㅑ	ㅑ	ㅑ	ㅑ
ㅏ	ㅏ	ㅏ	ㅏ	ㅑ	ㅑ	ㅑ	ㅑ
ㅏ	ㅏ	ㅏ	ㅏ	ㅑ	ㅑ	ㅑ	ㅑ

날씨	월	일	요일	쓰기연습	확인	참 잘했어요	잘했어요

ㅏ	ㅏ	ㅏ	ㅏ	ㅑ	ㅑ	ㅑ	ㅑ
ㅏ	ㅏ	ㅏ	ㅏ	ㅑ	ㅑ	ㅑ	ㅑ

앞장의 종이 위에 바르게 따라 써 봅시다

ㅓ ㅕ

| 날씨 | 월 일 요일 ☀️ 🌬️ ☔ ⛄ | 쓰기연습 | 확인 | 참 잘했어요 | 잘했어요 |

ㅓ ㅓ ㅓ ㅓ ㅓ ㅕ ㅕ ㅕ ㅕ

ㅓ ㅓ ㅓ ㅓ ㅕ ㅕ ㅕ ㅕ

1 - 30

앞장의 종이 위에 바르게 따라 써 봅시다

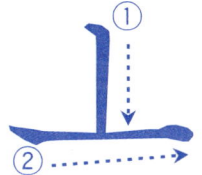 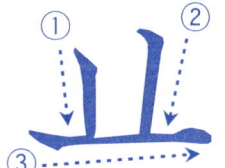

날씨	월	일	요일	쓰기연습	확인	참 잘했어요	잘했어요

ㅗ ㅗ ㅗ ㅗ ㅛ ㅛ ㅛ ㅛ

ㅗ ㅗ ㅗ ㅗ ㅛ ㅛ ㅛ ㅛ

앞장의 종이 위에 바르게 따라 써 봅시다

ㅜ ㅠ

ㅜ	ㅜ	ㅜ	ㅜ	ㅠ	ㅠ	ㅠ	ㅠ
ㅜ	ㅜ	ㅜ	ㅜ	ㅠ	ㅠ	ㅠ	ㅠ
ㅜ	ㅜ	ㅜ	ㅜ	ㅠ	ㅠ	ㅠ	ㅠ
ㅜ	ㅜ	ㅜ	ㅜ	ㅠ	ㅠ	ㅠ	ㅠ
ㅜ	ㅜ	ㅜ	ㅜ	ㅠ	ㅠ	ㅠ	ㅠ
ㅜ	ㅜ	ㅜ	ㅜ	ㅠ	ㅠ	ㅠ	ㅠ
ㅜ	ㅜ	ㅜ	ㅜ	ㅠ	ㅠ	ㅠ	ㅠ
ㅜ	ㅜ	ㅜ	ㅜ	ㅠ	ㅠ	ㅠ	ㅠ
ㅜ	ㅜ	ㅜ	ㅜ	ㅠ	ㅠ	ㅠ	ㅠ

쓰기연습

| 날씨 | 월 일 요일 |

ㅜ ㅜ ㅜ ㅜ ㅜ ㅠ ㅠ ㅠ ㅠ

ㅜ ㅜ ㅜ ㅜ ㅜ ㅠ ㅠ ㅠ ㅠ

앞장의 종이 위에 바르게 따라 써 봅시다

날씨	월 ☀	일 🍂	요일 ☂	⛄	쓰기연습	확인	참 잘했어요	잘했어요

ー	ー	ー	ー	｜	｜	｜	｜
ー	ー	ー	ー	｜	｜	｜	｜

앞장의 종이 위에 바르게 따라 써 봅시다

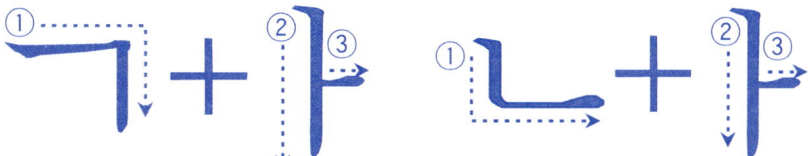

가	가	가	가	나	나	나	나
가	가	가	가	나	나	나	나
가	가	가	가	나	나	나	나
가	가	가	가	나	나	나	나
가	가	가	가	나	나	나	나
가	가	가	가	나	나	나	나
가	가	가	가	나	나	나	나
가	가	가	가	나	나	나	나
가	가	가	가	나	나	나	나

| 날씨 | 월 | 일 | 요일 | 쓰기연습 | 확인 | 참 잘했어요 | 잘했어요 |

가	가	가	가	나	나	나	나
가	가	가	가	나	나	나	나

앞장의 종이 위에 바르게 따라 써 봅시다

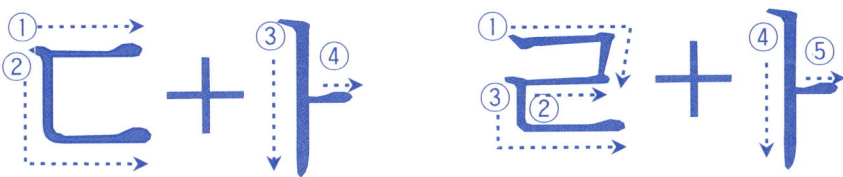

다	다	다	다	라	라	라	라
다	다	다	다	라	라	라	라
다	다	다	다	라	라	라	라
다	다	다	다	라	라	라	라
다	다	다	다	라	라	라	라
다	다	다	다	라	라	라	라
다	다	다	다	라	라	라	라
다	다	다	다	라	라	라	라
다	다	다	다	라	라	라	라

| 날씨 | 월 일 요일 ☀ 🍃 ☂ ⛄ | 쓰기연습 | 확인 | 참 잘했어요 | 잘했어요 |

다	다	다	다	라	라	라	라
다	다	다	다	라	라	라	라

앞장의 종이 위에 바르게 따라 써 봅시다

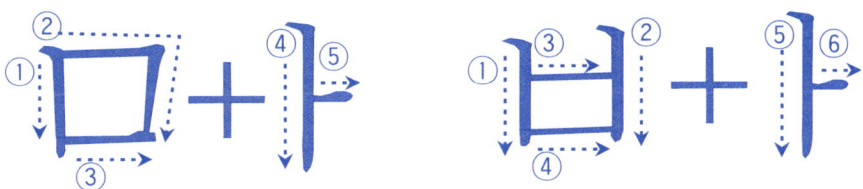

마	마	마	마	바	바	바	바
마	마	마	마	바	바	바	바
마	마	마	마	바	바	바	바
마	마	마	마	바	바	바	바
마	마	마	마	바	바	바	바
마	마	마	마	바	바	바	바
마	마	마	마	바	바	바	바
마	마	마	마	바	바	바	바
마	마	마	마	바	바	바	바

| 날씨 | 월 일 요일 ☀ 🍃 ☂ ⛄ | 쓰기연습 | 확인 | 참
잘했어요 | 잘했어요 |

마	마	마	마	바	바	바	바
마	마	마	마	바	바	바	바

앞장의 종이 위에 바르게 따라 써 봅시다

사	사	사	사	아	아	아	아
사	사	사	사	아	아	아	아
사	사	사	사	아	아	아	아
사	사	사	사	아	아	아	아
사	사	사	사	아	아	아	아
사	사	사	사	아	아	아	아
사	사	사	사	아	아	아	아
사	사	사	사	아	아	아	아
사	사	사	사	아	아	아	아

날씨	☀	🍃	☂	⛄	쓰기연습	확인	참 잘했어요	잘했어요

사	사	사	사	아	아	아	아
사	사	사	사	아	아	아	아

앞장의 종이 위에 바르게 따라 써 봅시다

자	자	자	자	차	차	차	차
자	자	자	자	차	차	차	차
자	자	자	자	차	차	차	차
자	자	자	자	차	차	차	차
자	자	자	자	차	차	차	차
자	자	자	자	차	차	차	차
자	자	자	자	차	차	차	차
자	자	자	자	차	차	차	차
자	자	자	자	차	차	차	차

쓰기연습

자 자 자 자 차 차 차 차

자 자 자 자 차 차 차 차

앞장의 종이 위에 바르게 따라 써 봅시다

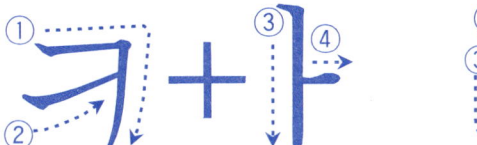 

카	카	카	카	타	타	타	타
카	카	카	카	타	타	타	타
카	카	카	카	타	타	타	타
카	카	카	카	타	타	타	타
카	카	카	카	타	타	타	타
카	카	카	카	타	타	타	타
카	카	카	카	타	타	타	타
카	카	카	카	타	타	타	타
카	카	카	카	타	타	타	타

	월 일 요일	쓰기연습	확인	참 잘했어요	잘했어요
날씨					

카	카	카	카	타	타	타	타
카	카	카	카	타	타	타	타

앞장의 종이 위에 바르게 따라 써 봅시다

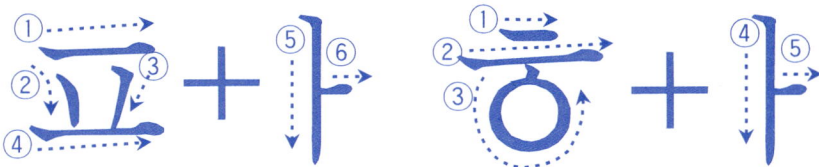

파	파	파	파	하	하	하	하
파	파	파	파	하	하	하	하
파	파	파	파	하	하	하	하
파	파	파	파	하	하	하	하
파	파	파	파	하	하	하	하
파	파	파	파	하	하	하	하
파	파	파	파	하	하	하	하
파	파	파	파	하	하	하	하
파	파	파	파	하	하	하	하

| 날씨 | 월 | 일 | 요일 | 쓰기연습 | 확인 | 참 잘했어요 | 잘했어요 |

파	파	파	파	하	하	하	하
파	파	파	파	하	하	하	하

앞장의 종이 위에 바르게 따라 써 봅시다

가	마		가	수		가	지
가	마		가	수		가	지
가	마		가	수		가	지
가	마		가	수		가	지
가	마		가	수		가	지
가	마		가	수		가	지
가	마		가	수		가	지
가	마		가	수		가	지
가	마		가	수		가	지

날씨	월 ☀	일 🌬	요일 ☂ ☃	쓰기연습		확인	참 잘했어요	잘했어요
가	마		가	수		가	지	
가	마		가	수		가	지	

1 - 52

앞장의 종이 위에 바르게 따라 써 봅시다

나	무		나	비		바	지
나	무		나	비		바	지
나	무		나	비		바	지
나	무		나	비		바	지
나	무		나	비		바	지
나	무		나	비		바	지
나	무		나	비		바	지
나	무		나	비		바	지
나	무		나	비		바	지

| 월 일 요일 | 쓰기연습 | 확인 | 참 잘했어요 | 잘했어요 |

나	무		나	비		바	지
나	무		나	비		바	지

앞장의 종이 위에 바르게 따라 써 봅시다

바	다		사	자		아	기
바	다		사	자		아	기
바	다		사	자		아	기
바	다		사	자		아	기
바	다		사	자		아	기
바	다		사	자		아	기
바	다		사	자		아	기
바	다		사	자		아	기
바	다		사	자		아	기

날씨	월	일	요일	쓰기연습	확인	참 잘했어요	잘했어요

바 다   사 자   아 기

바 다   사 자   아 기

앞장의 종이 위에 바르게 따라 써 봅시다

자	라		파	리		파	도
자	라		파	리		파	도
자	라		파	리		파	도
자	라		파	리		파	도
자	라		파	리		파	도
자	라		파	리		파	도
자	라		파	리		파	도
자	라		파	리		파	도
자	라		파	리		파	도

날씨	월	일	요일		쓰기연습	확인	참 잘했어요	잘했어요

자 리　　파 리　　파 도

자 리　　파 리　　파 도

앞장의 종이 위에 바르게 따라 써 봅시다

하	마		거	미		머	리
하	마		거	미		머	리
하	마		거	미		머	리
하	마		거	미		머	리
하	마		거	미		머	리
하	마		거	미		머	리
하	마		거	미		머	리
하	마		거	미		머	리
하	마		거	미		머	리

| 월 | 일 | 요일 | 쓰기연습 | 확인 | 참 잘했어요 | 잘했어요 |

하	마		거	미		머	리
하	마		거	미		머	리

앞장의 종이 위에 바르게 따라 써 봅시다

버	스	마	차	기	도
버	스	마	차	기	도
버	스	마	차	기	도
버	스	마	차	기	도
버	스	마	차	기	도
버	스	마	차	기	도
버	스	마	차	기	도
버	스	마	차	기	도
버	스	마	차	기	도

| 날씨 | 월 일 요일 ☀ 🍃 ☂ ⛄ | 쓰기연습 | 확인 | 참 잘했어요 | 잘했어요 |

버스   마차   기도

버스   마차   기도

앞장의 종이 위에 바르게 따라 써 봅시다

마	루		사	과		자	두
마	루		사	과		자	두
마	루		사	과		자	두
마	루		사	과		자	두
마	루		사	과		자	두
마	루		사	과		자	두
마	루		사	과		자	두
마	루		사	과		자	두
마	루		사	과		자	두

| 날씨 | 월 일 요일 | 쓰기연습 | 확인 | 참 잘했어요 | 잘했어요 |

마	루		사	과		자	두
마	루		사	과		자	두

앞장의 종이 위에 바르게 따라 써 봅시다

다	리	미		기	러	기	
다	리	미		기	러	기	
다	리	미		기	러	기	
다	리	미		기	러	기	
다	리	미		기	러	기	
다	리	미		기	러	기	
다	리	미		기	러	기	
다	리	미		기	러	기	
다	리	미		기	러	기	

| 날씨 | 월 일 요일 | 쓰기연습 | 확인 | 참 잘했어요 | 잘했어요 |

다 리 미   기 러 기

다 리 미   기 러 기

앞장의 종이 위에 바르게 따라 써 봅시다

라	디	오		바	구	니	
라	디	오		바	구	니	
라	디	오		바	구	니	
라	디	오		바	구	니	
라	디	오		바	구	니	
라	디	오		바	구	니	
라	디	오		바	구	니	
라	디	오		바	구	니	
라	디	오		바	구	니	

	월 일 요일	쓰기연습	확인	참 잘했어요	잘했어요
날씨	☀ 🍃 ☂ ⛄				

라디오　바구니

라디오　바구니

앞장의 종이 위에 바르게 따라 써 봅시다

바	나	나		사	다	리	
바	나	나		사	다	리	
바	나	나		사	다	리	
바	나	나		사	다	리	
바	나	나		사	다	리	
바	나	나		사	다	리	
바	나	나		사	다	리	
바	나	나		사	다	리	
바	나	나		사	다	리	

| 날씨 | 월 일 요일 ☀ ☁ ☂ ☃ | 쓰기연습 | 확인 | 참 잘했어요 | 잘했어요 |

바	나	나		사	다	리	
바	나	나		사	다	리	

앞장의 종이 위에 바르게 따라 써 봅시다

아	버	지		라	이	터	
아	버	지		라	이	터	
아	버	지		라	이	터	
아	버	지		라	이	터	
아	버	지		라	이	터	
아	버	지		라	이	터	
아	버	지		라	이	터	
아	버	지		라	이	터	
아	버	지		라	이	터	

| 날씨 | 월 | 일 | 요일 | 쓰기연습 | 확인 | 참 잘했어요 | 잘했어요 |

아버지　　라이터

아버지　　라이터

앞장의 종이 위에 바르게 따라 써 봅시다

마	스	크		마	이	크	
마	스	크		마	이	크	
마	스	크		마	이	크	
마	스	크		마	이	크	
마	스	크		마	이	크	
마	스	크		마	이	크	
마	스	크		마	이	크	
마	스	크		마	이	크	
마	스	크		마	이	크	

마스크 마이크

마스크 마이크

앞장의 종이 위에 바르게 따라 써 봅시다

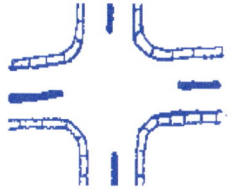  

사	거	리		가	위		자
사	거	리		가	위		자
사	거	리		가	위		자
사	거	리		가	위		자
사	거	리		가	위		자
사	거	리		가	위		자
사	거	리		가	위		자
사	거	리		가	위		자
사	거	리		가	위		자

| 날씨 | 월 | 일 | 요일 | 쓰기연습 | 확인 | 참 잘했어요 | 잘했어요 |

사 거 리 　 가 위 　 자

사 거 리 　 가 위 　 자

앞장의 종이 위에 바르게 따라 써 봅시다

구	두		그	네		두	부
구	두		그	네		두	부
구	두		그	네		두	부
구	두		그	네		두	부
구	두		그	네		두	부
구	두		그	네		두	부
구	두		그	네		두	부
구	두		그	네		두	부
구	두		그	네		두	부

| 날씨 | 월 일 요일 ☀ 🍃 ☔ ⛄ | 쓰기연습 | 확인 | 참 잘했어요 | 잘했어요 |

구	두		그	네		두	부
구	두		그	네		두	부

앞장의 종이 위에 바르게 따라 써 봅시다

어	머	니		너	구	리	
어	머	니		너	구	리	
어	머	니		너	구	리	
어	머	니		너	구	리	
어	머	니		너	구	리	
어	머	니		너	구	리	
어	머	니		너	구	리	
어	머	니		너	구	리	
어	머	니		너	구	리	

| 날씨 | 월 | 일 | 요일 | 쓰기연습 | 확인 | 참 잘했어요 | 잘했어요 |

어 머 니   너 구 리

어 머 니   너 구 리